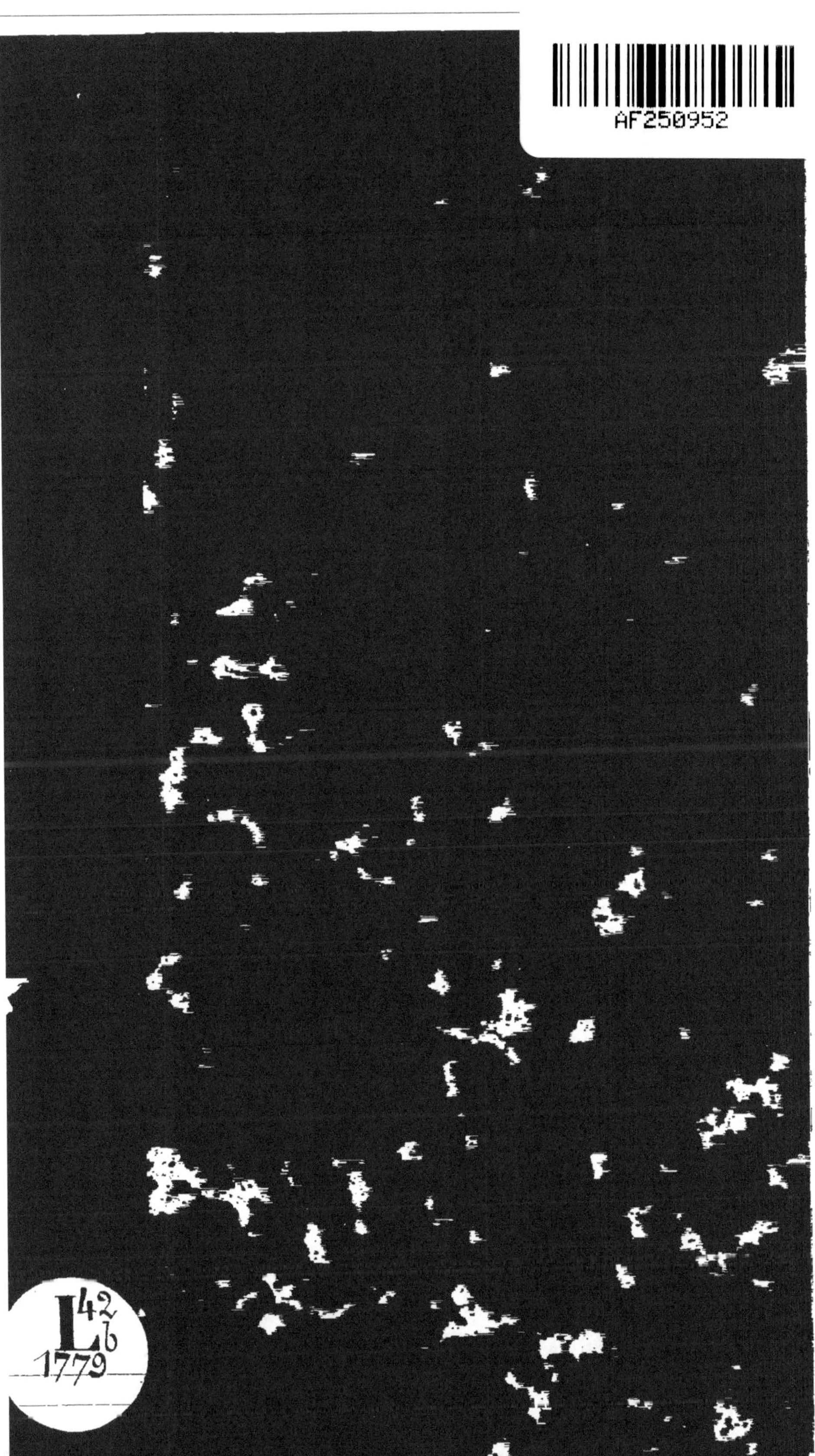

DISCOURS

DÉCADAIRE,

Prononcé à l'assemblée décadaire du 30 pluviôse, an VI de la République, à Strasbourg ;

Par SÉBASTIEN BOTTIN,

Chef de bureau, Secrétaire-adjoint du Département du Bas-Rhin.

STRASBOURG,

Chez F. G. LEVRAULT, Imprimeur du Département du Bas-Rhin.

An VI de la République française.

APPEL A L'UNION.

DISCOURS DÉCADAIRE.

L'UNION fait la force des peuples, comme elle fait le bonheur des familles particulières; sans la bonne union, et l'harmonie qui en résulte, il n'est que troubles, qu'agitations, que calamités à attendre pour les uns comme pour les autres.

Telle est, Citoyens, l'immuable vérité que la philosophie attentive a recueillie dans le grand livre des nations qui se sont succédées jusqu'à ce jour; vérité, qui est surtout burinée en caractères indélébiles dans les fastes des républiques anciennes; vérité, dont la seule histoire de notre propre pays nous fournit une preuve complette !

En effet, lorsque César entreprit d'asservir les Gaulois nos ancêtres, il nous apprend lui-même, qu'il dut moins ses succès à la force des armes, qu'aux divisions intestines qu'il eut l'art de semer parmi eux.

C'est en tenant nos pères isolés que la race oppressive de nos rois a su, pendant quatorze siècles, les fixer dans l'apathie de l'esclavage.

Ce fut, enfin, en s'efforçant d'empêcher la réunion de nos premiers représentans à Versailles, que le conseil farouche de l'inepte Louis XVI voulut étouffer l'étincelle de la liberté, dont l'incendie rapide devoit bientôt dévorer le trône et ses alentours.

Mais, cette fois, l'ascendant des baïonnettes ne prévalut pas sur celui de la liberté. Grâces éternelles à toi, ô serment du jeu de paume! tu as enfin brisé le talisman de notre esclavage! .. Par toi a été ourdi entre tous les François le nœud gordien de cette union dont les prodiges ont depuis étonné les siècles, et assujetti les destinées des potentats au clin d'œil dé la grande Nation !...

Qu'il est délicieux, Citoyens, le souvenir de cette douce fraternité qui, dans les premiers jours de la révolution, étendoit son empire électrique d'une extrêmité de la France à l'autre!... Qu'ils seront précieux dans l'histoire, ces tableaux uniques d'une grande Nation, se rendant toute entière au champ de Mars, au 14 juillet 1790, pour y jurer, sur le premier autel élevé à la patrie, attachement à la liberté et à l'égalité; y accourant de nouveau, trois ans après, pour y faire le serment tyrannicide du 10 août, et retremper son énergie dans des embrassemens de plusieurs jours; se précipitant de là en masse vers ses frontières, dont chaque point étoit attaqué par un ennemi; combattant, terrassant les phalanges de l'Europe coalisée; se répandant au loin, comme un torrent, dans les pays dont les maîtres se partageoient naguères les lambeaux de ses départemens entamés; effaçant de la liste des puissances l'antique et orgueilleuse Venise; créant les Républiques cisalpine, ligurienne, etc… cernant enfin de ses armées victorieuses les capitales des empires; et, s'arrêtant tout à coup, au moment où elle s'apperçoit que rien ne peut lui résister, pour offrir une paix généreuse à ces mêmes ennemis qui avoient juré de l'anéantir. Et tous ces prodiges ne sont encore que le résultat de l'union des volontés des Français devenus libres!… Que seroit-ce donc, grand Dieu, de ceux que produiroit la réunion de tous les cœurs!…

Citoyens, c'est à cette douce réunion que je viens vous inviter aujourd'hui; je viens vous dire: à présent que les ennemis du dehors ont vu ce que pouvoit un grand peuple outragé, dont tous les bras étoient mus par toutes les volontés, faisons avouer aux conspirateurs du dedans, qu'il est impossible d'entamer un peuple libre dont tous les cœurs conspirent pour une union indissoluble. L'union des cœurs!… Ah! devrois-je être encore obligé d'en rappeler la nécessité à des républicains, lorsque tout ce qui les environne les y convie? *Ces cérémonies civiques, ces réunions touchantes, où la bienveillance confond insensiblement toutes les affections; ces faisceaux étroitement serrés qui* sont portés dans nos fêtes ; ces refreins chéris, répétés en chœur ; ces drapeaux de la victoire empreints des emblêmes de la fraternité ; ces arbres de la liberté plantés un à un sur nos places publiques ; cette Europe, enfin, s'organisant autour de nous en républiques sœurs.... que d'appels à l'union !... et nos armées, nos armées !... quelle touchante leçon ne nous en donnent-elles pas aujourd'hui ?

Quoi ! tandis que leurs phalanges victorieuses, réparties d'abord en quatorze armées, disséminées depuis quatre ans sur une circonférence de plusieurs centaines de lieues, se réunissent toutes, dans ce moment, sur un seul point ; tandis que toutes nos routes sont couvertes de défenseurs de la patrie, lestes et tressaillans de l'idée de revoir dans peu leurs camarades des autres armées, de les serrer dans leurs bras, de jurer avec eux la destruction du dernier ennemi qui reste à la République ; nous.... nous resterions froidement désunis !.... Ah ! Français ! ou renoncez à être appelés la grande Nation, ou méritez aussi d'être appelés la grande famille !...

O vous donc, qui que vous soyiez, qui, depuis neuf années de révolution, n'avez point voulu faire cause commune avec les républicains ; vous qui, aujourd'hui encore, vous tenez éloignés de nous ; jusqu'à quand vous obstinerez-vous à fermer l'oreille à la voix de la patrie, qui vous invite à une réunion, tardive sans doute, mais toujours désirée par vos frères? Qui pourroit encore vous retenir?...

Seroit-ce un reste de ce premier dépit, de cette amertume résultant du souvenir des sacrifices arrachés par la révolution?... Mais êtes-vous donc les seuls que la révolution ait froissés? n'avez-vous pas été témoins de cet état de détresse, d'angoise, de besoin, qui a pesé sur les familles des républicains? Les vrais soutiens de la République, les hommes probes à qui étoit confié le dépôt sacré de ses lois, n'ont-ils pas été pendant plus d'une année réduits à l'honorable régime d'un pain grossier, de quelques légumes et de l'eau?... Vous avez été inquiétés, incarcérés : mais les républicains ne l'ont-ils pas été aussi? que dis-je? la persécution dont vous vous plaignez n'a duré que quelques mois, et celle dont ils sont l'objet depuis trois ans n'a pas encore cessé... D'ailleurs, ce régime de la terreur que vous mettez toujours en avant, a-t-il plus pesé sur vos têtes que sur celles des amis de la révolution? Ah! parcourezen les listes sanglantes, vous les verrez grossies des noms des premiers fondateurs de la liberté... et la réaction!... la réaction!... est-ce sur vous qu'elle a pesé ou sur les patriotes?... n'étiez-vous pas alors les persécuteurs? les 50, les 60 mille victimes qui, depuis le 9 thermidor, sont tombées sous le couteau des égorgeurs, est-ce dans vos rangs ou dans celui des républicains qu'il faut en faire l'appel douloureusement inutile?...

Seroit-ce un reste d'attachement à d'anciennes habitudes religieuses?... Mais qui vous a dit que l'on vouloit violer le sanctuaire de votre conscience?... Les droits sacrés de l'homme, la constitution ne vous garantissent-ils pas la liberté de votre culte? toutes les religions ne sont-elles pas également protégées par le gouvernement républicain? toutes ne lui doivent-elles pas en retour attachement et obéissance sincères?... Vous surtout, qui vous vantez de pratiquer la morale du philosophe de la Palestine, avez-vous donc oublié ce précepte sorti de sa bouche, et auquel il s'est soumis lui-même, d'obéissance aux puissances civiles sous lesquelles vous vivez? Ah! défiez-vous de ces hommes qui, au nom de ce citoyen philantrope, qu'ils déshonorent en s'en disant les ministres, veulent que vous n'ayiez des rapports qu'avec le ciel, et n'en conserviez aucun avec vos frères!...

Seroit-ce la crainte de l'instabilité du Gouvernement républicain?... Non, non, ne l'ayez pas, cette crainte; les destinées de la République sont fixées... nous l'avons jurée irrévocablement... nos frères d'armés l'ont scellée de leur sang... tous les peuples la reconnoissent... elle est proclamée dans tout l'univers... Nous resterons républicains!... J'en jure sur ma tête.

Seroit-ce enfin le souvenir de vos mauvais procédés envers nous? la crainte d'un ressentiment, bien légitime, peut-être, pour les persécutions que vous nous avez suscitées?... Mais suivez la conduite de ces hommes jadis si odieux à vos yeux, de ces prétendus terroristes, qu'après le 9 thermidor vous avez fait proscrire, incarcérer, dépouiller de leurs places, réduits à la mendicité peut-être, et qui, sans le 18 fructidor, seroient encore sous le poids du malheur; voyez-les... Il en est dans ce moment parmi vous; songent-ils à se venger? Non : le cœur des républicains n'est pas fait pour l'aigreur; un instant de liberté leur fait oublier des années de souffrances. Venez, venez avec assurance, tous vos torts seront oubliés du moment où vous voudrez être nos frères!... venez! mettez la main sur nos cœurs, jamais ils ne palpiteront de haine... Ah! si vous vouliez sincèrement vous réunir à nous, quel beau jour vous procureriez à la patrie!...

Mais, si vous persistez à vous refuser à nos empressemens; si nos tendres invitations sont toujours sans effet sur vos cœurs; si vous êtes décidés à vous tenir concentrés dans la sphère d'un odieux royalisme... eh ! bien, remplissez votre malheureuse destinée... soyez royalistes, mais marchez droit... Le moment est passé où vous pouviez, avec impunité, contrarier la volonté nationale : le Gouvernement est là... nous sommes tous là... S'il vous arrive de vous placer encore une fois entre nous et notre liberté, soudain un cri terrible et inexorable d'expulsion s'élevera contre vous...

Nous vous dirons : Hommes opulens et égoïstes de tous les départemens, qui n'avez, depuis neuf ans, prodigué votre or que pour solder au dehors des ennemis et au dedans la corruption, réalisez bien vîte votre odieuse fortune, et partez! allez ramper dans les palais dorés des rois! la République vous rejette comme une écume impure et corruptrice.

Nous vous dirons : Hommes pusillanimes, qui faites consister le sublime de la religion à obéir servilement à la volonté implacablement haineuse du prêtre rebelle que vous recélez au mépris des lois; femmes imprudentes, qui dans vos tendres et mistiques relations avec le fourbe, vous nourrissez d'une horreur toujours nouvelle pour la République, et l'inculquez, par ses ordres, à vos enfans; vous tous, enfin, qui, au nom d'un Dieu que vous méconnoissez, vous sentez l'affreux courage de renouveler les scènes atroces de la Vendée, d'assassiner votre frère, d'incendier votre pays!.... partez! allez dans d'autres contrées porter vos affections anti-sociales!... La République redoute trop la fourberie et le fanatisme.

Nous vous dirons : Jeunes gens, qui, inaccessibles à la voix de l'honneur comme à celle de la honte, vous tenez lâchement éloignés du champ de la victoire où vos camarades d'âge viennent de sauver la République ; vous qui êtes dans le cas de vous trouver mal à la vue d'un fusil ; qui cherchez, jusques dans la forme étrange de votre costume, à afficher que vous n'êtes pas français ! .. Partez bien vîte avec vos joyaux et vos odeurs ! la République ne veux compter parmi ses enfans ni fats ni poltrons.

Nous vous dirons : vous tous enfin, de quelqu'état, de quelqu'âge que vous soyiez, qui ne voulez point vous plier aux institutions républicaines, ni renoncer à l'espoir de nous redonner un roi !... partez !... l'eau et le feu ne peuvent subsister ensemble ; la même terre ne sauroit désormais être habitée par vous et par des hommes libres.

Citoyens, la tâche civique que je me suis imposée en ce jour ne seroit qu'imparfaitement remplie, si, après avoir essayé un dernier appel de réunion aux antagonistes de la République, je n'épanchois dans le cœur de ses amis le sentiment pénible qui me presse depuis quelque temps. Vétérans de la révolution ! ô vous que la patrie reconnoissante contemple d'un œil satisfait, en qui reposent ses espérances les plus chéres ! c'est vous que j'ai besoin d'interpeller aujourd'hui. Répondez-moi : pourquoi cette légèreté à croire à des bruits vagues, à des rapports inconsidérés ? d'où viennent cette inquiétude secrette, cette sourde agitation que je remarque depuis quelque temps ; cette défiance pénible que je vois s'établir entre plusieurs de vous? pourquoi, dans le sein de nos communes, les patriotes semblent-ils se diviser?... O mes amis!... c'est encore la main perfide du royalisme qui nous tiraille ... la main qui s'efforce de nous désunir, c'est celle qui vient d'organiser de nouvelles bandes à Lyon et dans le Midi ... Prenez-y bien garde: les mêmes manœuvres que l'on a vu mettre en jeu à l'issue de toutes les crises salutaires de la révolution, sont reprises dans ce moment; les mêmes lenteurs diplomatiques sont affectées par les négociateurs étrangers; la même trâme s'ourdit; le même nuage se forme sur l'horison politique... Ces hommes qui répètent avec tant d'affectation des nouvelles décourageantes, qui créent des conspirations chimériques, qui s'appitoyent sur le sort de la constitution, qu'ils représentent comme menacée par ses meilleurs amis... qui sont-ils? voulez-vous le savoir? Fixez-les attentivement; le regard du républicain est un talisman infaillible: fixez-les, vous dis-je. A l'œil incertain, aux traits altérés, à la figure décontenancée, vous reconnoîtrez les émissaires de Blanckenbourg, les hommes que le 18 fructidor a terrassés. Les perfides!... apprenez leurs projets sinistres : *ils veulent de nouveau diviser les patriotes, se renforcer d'un des débris du parti républicain, et armer les amis de la patrie les uns contre les autres.*

O Républicains! gardons-nous de donner dans le piége, de seconder les projets des cruels ennemis de notre liberté ! leur tactique fut toujours de diviser ; leur triomphe, d'établir entre nous la mésintelligence. Ils voudroient nous mettre en présence les uns des autres, pour détourner de leur conduite tortueuse notre gênante surveillance. Serrons-nos files !... Les élections de germinal prochain sont la dernière redoute qui reste au royalisme repoussé de toutes parts... Hommes libres !.. que la charge du 18 fructidor sonne !... marchons de front !... croisons nos armes !... si nous l'emportons, la victoire est à nous pour toujours.

Pour cela, Républicains, il faut faire taire les petites passions, sacrifier les préventions privées, oublier des torts réciproques, renoncer enfin à cette défiance ombrageuse, qui, salutaire dans les premiers jours d'une révolution, dégénère en une injustice funeste à la chose publique, lorsque les hommes qui en sont l'objet ont passé par le creuset du temps et des événemens.

Ainsi donc, n'examinons plus aujourd'hui quelles illusions ont environné le berceau de tels ou tels citoyens ; à quel préjugé d'état ou de profession ils ont sacrifié sous le despotisme:.. si la philosophie les a éclairés ; si elle les a ramenés aux principes de l'égalité ; si depuis le commencement de la révolution ils ont marché constamment le pas des hommes libres... ah ! prenons-les dans nos rangs, ceux-ci ne reculeront plus.

Ne recherchons pas si tel citoyen, que nous trouvons dans la lice à nos côtés, s'est toujours prononcé avec une égale énergie dans les temps difficiles qui ont précédé la constitution de l'an 3. Sans doute, si tous les amis de la liberté avoient été doués de cette force d'ame qui ne connoît aucun danger ; si tous avoient osé franchir d'un pas assuré les volcans révolutionnaires, nous aurions échappé à bien des malheurs, paré à bien des crimes : mais cette sorte d'égalité n'est pas dans la nature ; tel étoit républicain par principes et par inclination dès ses jeunes ans, qui n'a osé se mettre en avant dans ces momens de crises. Mais, s'il a souri aux premiers rayons de la liberté, s'il n'a jamais porté de regards rétrogrades vers les préjugés de l'ancien régime, s'il s'est accroché à la constitution républicaine comme à l'arche tutélaire dans laquelle il place son salut après ces temps d'orages... ah ! prenons-le dans nos rangs : celui-ci aussi ne reculera plus.

Enfin, ne nous demandons pas si tel citoyen n'a pas figuré plus ou moins dans les écarts, peut-être nécessaires, de la révolution : s'il n'a pas été, pendant les longs jours d'une réaction désastreuse, proscrit sous la dénomination de *terroriste*, prodiguée avec tant de complaisance par les amis des rois ?.. Eh quoi donc ! avons-nous descendu dans le cœur de cet homme, pour le condamner ainsi sans l'entendre ? qui nous a donné de juger infailliblement ses motifs ? Les uns ont donné dans la révolution avec un courage calme, les autres avec cette chaleur qui part du cœur et s'irrite des obstacles. D'ailleurs, ne faut-il donc rien passer aux circonstances ?.. et puis, *des erreurs, des abus de pouvoir, des actes arbitraires, ne sont-ils pas des fautes irréparables dans une grande révolution?..* Ah ! si ce même homme a le cœur bon et sensible, s'il ne s'est jamais avili par aucune bassesse, souillé par aucune vengeance particulière ; si, en poursuivant les ennemis de la révolution, il ne s'est pas enrichi de leurs dépouilles, s'il a les mains pures, s'il est pauvre... ah ! prenons-le dans nos rangs ; le creuset de l'adversité l'a épuré, la République n'a point encore de plus chauds défenseurs.

Non, non, Républicains ! ne nous reprochons ni nos malheurs, ni nos fautes... imbus des mêmes principes, pressés du même sentiment, tourmentés du même besoin, animés en quelque sorte de la même vie, n'avons-nous pas les mêmes ennemis à combattre, les mêmes préjugés à vaincre, les mêmes intérêts à défendre, les mêmes risques à courir, les mêmes perfidies à redouter, les mêmes poignards à éviter?.. Eh bien donc, encore une fois, de l'union!... serrons nos rangs! enlaçons-nous fortement les uns dans les autres!.. C'est le baiser fraternel du 10 août qui a fait chanceler les trônes... formons le bataillon carré du 18 fructidor, qui doit donner à la République l'immobilité d'un roc !... Pressons-nous avec force les uns contre les autres, et que les exhalaisons de nos ames, embrasées de l'amour sacré de la liberté et de la patrie, forment autour de nous un brouillard mortel à quiconque voudroit nous approcher pour nous entamer !...

O ma République ! puissent tes enfans n'oublier jamais cette vérité salutaire, "qu'il ne suffit pas que tes bases soient dans leur cœur, mais qu'il faut surtout que ta force soit dans leur union...„

Vive à jamais la République !

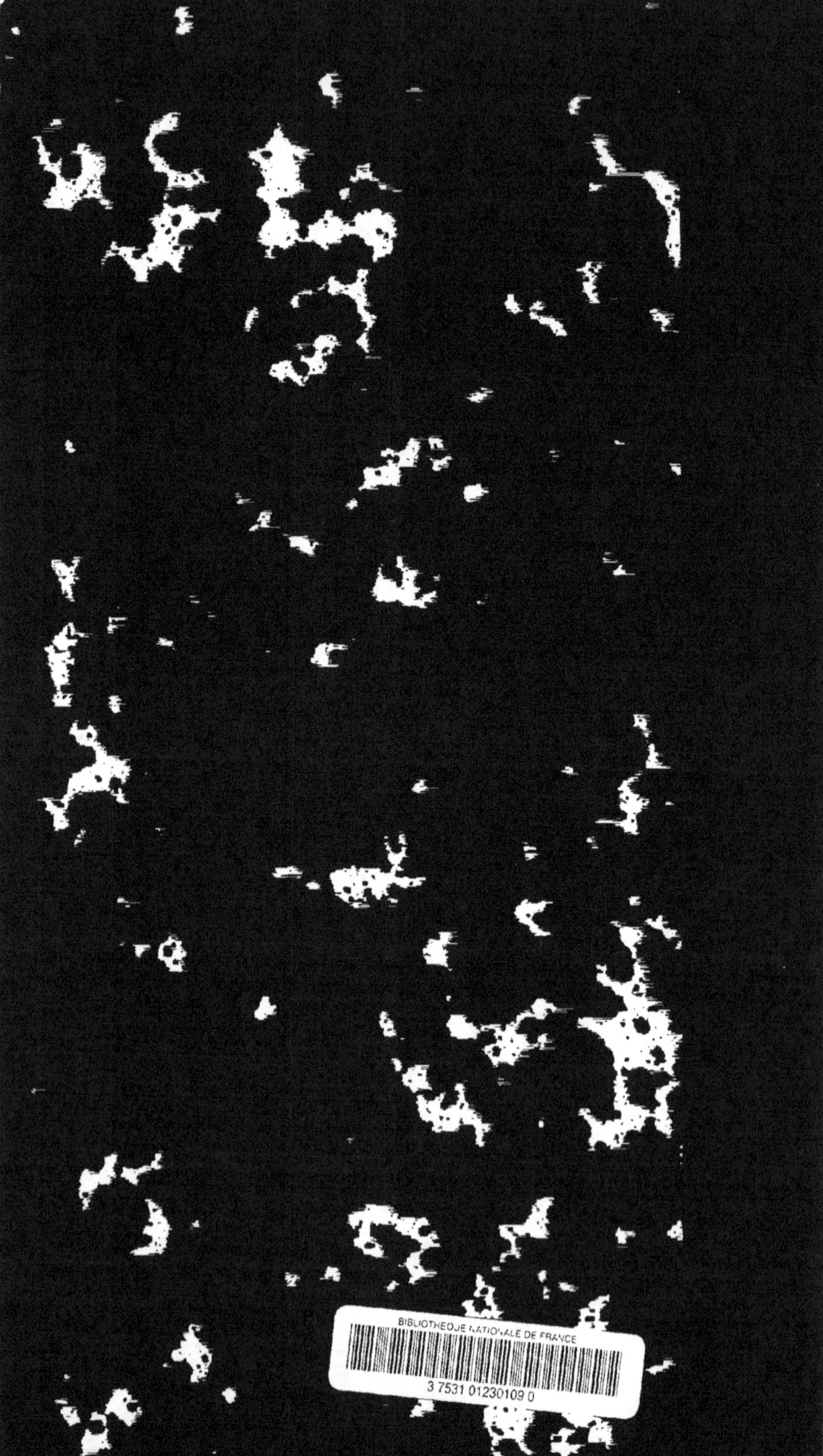